EXPOSITION

DE 1741

—

VIII

Conserver la Couverture

COLLECTION

DES

LIVRETS

DES

ANCIENNES EXPOSITIONS

DEPUIS 1673 JUSQU'EN 1800

SALON DE 1741

VIII

PARIS

LIEP·MANNSSOHN ET DUFOUR

ÉDITEURS

11, rue des Saints–Pères

—

JUIN 1869

COLLECTION

DES

LIVRETS

DES

ANCIENNES EXPOSITIONS

DEPUIS 1673 JUSQU'EN 1800

EXPOSITION DE 1741

PARIS

LIEPMANNSSOHN ET DUFOUR

ÉDITEURS

11, rue des Saints-Pères

—

JUIN 1869

NOMBRE DU TIRAGE

DU LIVRET DE 1741.

375 exemplaires sur papier vergé.
25   —   sur papier de Hollande.
10   —   sur chine.

N°

Ce livret est vendu seul 2 fr. 50.

NOTICE BIBLIOGRAPHIQUE.

Livret :

Il existe deux éditions sans qu'il soit possible de déterminer quelle est la première. Les exemplaires que
nous avons rencontrés ont tous 30 p. avec 132 numéros
et 2 p. d'arrêt et de privilége. Sur certains exemplaires
l'article Drouais manque; ceux-là constitueraient donc
le premier tirage. Mais dans ces livrets incomplets les
articles de la page 32 ont été espacés comme pour
remplir une lacune. Un blanc assez considérable sé-
pare le n° 131 de l'*Addition*. Les tableaux de Drouais
ont donc pu aussi bien être retirés qu'ajoutés, de là
impossibilité de déterminer l'ordre des tirages. Suivant
notre habitude, nous avons pris pour type l'exemplaire
le plus complet. Il ne serait pas impossible qu'il exis-
tât des livrets sans l'*Addition* et le N° 132, ce qui
porterait le nombre des éditions à trois. Mais nous
n'avons rencontré que celles que nous venons de
signaler.

CRITIQUES :

Le *Mercure de France*, numéro d'octobre.

Lettre de M. de Poiresson-Chamarande, lieutenant-général au Bailliage et siége présidial de Chaumont en Bassigny, au sujet des tableaux exposés au Salon du Louvre. Paris le 5 septembre 1741. In-12 de 46 pages. (Cette lettre est imprimée dans les *Amuſements du cœur et de l'eſprit*, t. XI, p. 1-46.)

EXPLICATION

DES PEINTURES

SCULPTURES

ET AUTRES OUVRAGES

DE MESSIEURS

DE L'ACADÉMIE ROYALE

Dont l'Expofition a été ordonnée, fuivant l'intention de SA MAJESTÉ, par M. ORRY, Miniftre d'État, Contrôleur General des Finances, Direc-teur General des Bâtimens, Jardins, Arts & Manufactures du Roy, & Vice-Protecteur de l'Académie; dans le grand Salon du Louvre : à commencer le I. Septembre 1741, pour durer trois Semaines.

A PARIS, RUE S. JACQUES

De l'Imprimerie de JACQUES COLLOMBAT, I. Imprimeur du Roy, de la Maifon de SA MAJESTÉ, & de l'Académie Royale de Peinture & de Sculpture.

M. DCC. XLI.

AVEC PRIVILÉGE DU ROY

AVERTISSEMENT.

Comme l'Expoſition ſe fait dans un grand Salon quarré, & que l'on eſt obligé, pour garder quelque ordre & ſymétrie, de placer de côté & d'autre les Ouvrages d'un même Auteur, l'on a eu attention dans cette Deſcription, de déſigner la hauteur & largeur de tous les Tableaux de grandeur extraordinaire; & à l'égard des autres dont les formes ſont moyennes & petites, on ne pourra manquer de les recon-

noître, ayant le Livre à la main, & de les trouver par le rapport des Numeros qui ſe trouvent ſur chaque ſujet de Peinture & de Sculpture.

L'impreſſion de ce petit Ouvrage n'ayant pú ſe donner qu'après tout l'arrangement des Tableaux, l'on s'eſt apperçú que le Public s'impatientoit extrémement pendant les premiers jours qu'il attendoit cette Explication. C'eſt pourquoy on a jugé à propos, pour ſa ſatisfaction, d'y énoncer des Numeros qui ſe rapportent exactement à chaque ſujet, leſquels ſans être de ſuite, ſe pourront trouver aiſément. Par ce moyen on joüira de cette Deſcription preſqu'à l'ouverture du Salon.

EXPLICATION

Des Peintures, Sculptures, & autres Ouvrages de Messieurs de l'Académie Royale.

LE desir de la Gloire est la source des efforts que chaque Artiste fait pour atteindre à la perfection de l'Art qu'il professe. Un principe si noble fait naître une loüable émulation, qui éleve l'homme au dessus de luy-même & luy fait trouver dans son génie des ressources qu'il n'auroit osé se promettre, & dont souvent il a l'obligation à ses rivaux.

Comme les suffrages du Public éclairé donnent à chaque genre de travail son véritable prix, c'est de ses suffrages réünis que se forme la réputation.

Quel moyen plus juste pouvoit-on choisir pour mettre le Public en état de décider avec équité, que l'Expofition des différens Ouvrages qui font l'objet des travaux de l'Académie?

En ordonnant cette Expofition, Sa Majesté donne un témoignage glorieux à l'Académie de fon attention à la perfection des Arts qu'Elle cultive: quel nouveau motif pour Elle de redoubler fes efforts pour répondre aux vûës d'un Prince dont l'approbation eft le gage le plus certain de l'immortalité! Objet qui, en faifant naître les Arts, eft leur plus flateufe récompenfe.

Par M. *Coypel*, ancien Profeffeur, Ecuyer, Premier Peintre de Monfeigneur le Duc d'Orléans.

Nº 1. Un grand Tableau pour le Roy, en largeur d'environ 22. pieds fur 11. de haut, repréfentant Armide, qui voulant poignarder Renaud, va céder à l'Amour prenant ce Heros fous fa protection; la fuite de ce dieu rit de la colere de l'Enchantereffe & célebre d'avance le triomphe de fon Maître. Comme ce Tableau a déjà paru en petit, on a crû devoir fe fervir de la même defcription.

2. Autre en largeur de cinq pieds fur quatre. « Athalie entreprit d'éteindre entierement la race Royale de David, en faifant mourir tous les enfans d'Okofias, fes petits-fils; mais heureufement Jofabeth, fœur d'Okofias & fille de Joram, [mais d'une autre mere qu'Athalie], étant arrivée lorfqu'on égorgeoit les Princes, fes neveux, elle trouva moyen de dérober du milieu des morts le petit Joas encore à la mammelle, & le confia avec fa nourrice au Grand Prêtre, fon mary, qui les cacha tous deux dans le Temple, où l'enfant fut élevé secretement jufqu'au jour qu'il fut proclamé

Roy de Juda. » (Préface de la Tragédie d'Athalie).

Voilà en peu de mots le fujet de la plus belle Tragédie du célebre Racine. On a tâché de rendre en Peinture le fpectacle de la Scene VII. du fecond Acte de cette Piece, où Jofabeth, pour obéir aux ordres d'Athalie, luy préfente en tremblant Joas fous le nom d'Eliacin, & revêtu d'un fimple habit de Levite.

Athalie reconnoît avec terreur dans les traits de ce jeune Prince, ceux d'un enfant qu'elle a vû en fonge, prêt à la poignarder, & cependant elle ne peut s'empêcher d'admirer fa grâce & fa nobleffe. Zacharie & Salomith, enfans du Grand Prêtre & de Jofabeth, accompagnent leur mere. Abner, l'un des principaux Officiers des Rois de Juda, eft auprès d'Athalie. La Scene fe paffe dans un Veftibule de l'appartement du Grand Prêtre.

3. Autre, de même grandeur, repréfentant Jofeph reconnu par fes Freres.

Par M. *Tournière*, ancien Profeffeur.

4. Un Tableau repréfentant le Portrait jufqu'aux genoux, de Monfeigneur de Briffac, Evêque de Condon.

5. Autre, de même grandeur, repréfentant M. le Comte de Coffé, Colonel du Régiment Royal Piedmont, & Brigadier des Armées du Roy.

6. Autre de même grandeur, repréfentant Madame Coufin & M. fon Fils : ce Tableau a pour fujet l'éducation de Télémaque par Minerve.

7. Autre de forme plus petite, repréfentant M. Moreau de Maupertuis, Penfionnaire de l'Académie Royale des Sciences, en habit de Lapon.

8. Autre, de même grandeur, repréfentant M. Gregoire, Député du Commerce de Marfeille.

Par M. *Carle Vanloo*, Profeffeur.

9. Un grand Tableau repréfentant une Vierge avec l'Enfant Jéfus.

10. Autre, repréfentant S. André qui embraffe fa Croix.

11. Autre plus petit, repréfentant la Modeftie.

12. Un Fleuve.

13. Une Nayade.

Par M. *Natoire*, Profeffeur.

14. Un grand Tableau, pour le Roy, en largeur de 22. pieds fur 11. de haut, repréfentant Marc-Antoine qui fait fon entrée dans Ephefe, précédé d'une troupe de femmes déguifées en Bacchantes & de jeunes hommes en Satyres & en Pans; toutes les ruës pleines de couronnes de lierre & de thyrfes, retentiffoient du bruit des flûtes, chalumeaux, & autres inftrumens; les Peuples l'appelant Bacchus doux & benin, & le Pere de la joye. (Plutarque.)

Par M. *Jeaurat*, Adjoint à Profeffeur.

15. Un grand Tableau en largeur de 14. pieds fur 7. & demy de haut, repréfentant les vendanges de Daphnis & Cloée.

16. Autre, de 3. pieds fur 2. & demy, repréfentant un repos de Cerés.

17. Autre plus petit, repréfentant l'amour de la Chaffe.

18. Autre, fervant de Pendant, l'amour du Vin.

19. Autre, à peu près de même grandeur, repréfentant un Bain de Femmes.

Par M. *Adam, l'aîné*, Adjoint à Profeffeur.

20. Un Bufte en plâtre repréfentant le Portrait du Roy en grand, fait d'après Sa Majefté, qui doit être executé en marbre blanc.

21. Un Modéle en Efquiffe d'un Apollon fur un pied d'eftal, groupé des Génies de la Guerre & des Arts. Apollon préfente au Génie militaire la branche d'un Laurier qui croît à fon côté, en luy ordonnant d'aller par la force des Armes maintenir la Paix dans l'Europe. Le Génie des Arts eft affis aux pieds d'Apollon, où il confidere attentivement l'action de ce Dieu, afin d'en éternifer la memoire par la production de fes Ouvrages. Le pied d'eftal eft orné par-devant de la peau du Serpent Piton. Dans le Cartel fera mis une infcription. Aux côtez du pied d'eftal, font deux trophées, l'un de la Guerre, & l'autre des Arts, décoré des attributs de la Paix. Ce morceau pourra être executé en marbre.

22. Un Modéle en plâtre d'une petite Fille appuyée fur une Coquille, fe joüant avec un jeune Tigre qu'elle retient par la queuë, pour l'empêcher de fe lancer fur un oifeau qu'elle en écarte pour le fauver, en s'éclatant de rire. Ce Morceau fait pendant à un autre Enfant pincé par une Ecreviffe, qui parut l'année derniere, & qui fera executé en bronze.

Par M. *Oudry*, Adjoint à Profeffeur.

23. Un grand Tableau en hauteur de 13. pieds fur 11. de large, peint pour le Roy, repréfentant un moment de la Chaffe du Cerf, lorfque l'on découple la vieille Meute, à la petite patte d'Oye; on y voit un point de vûë de la Forêt de Compiegne. Ce Tableau doit être exécuté en Tapifferie aux Gobelins.

24. Autre de 5. pieds fur 4. de haut, repréfentant un Tigre mâle de la Ménagerie du Roy; peint pour S. M.

25. Autre de même grandeur, repréfentant un Tigre femelle.

26. Autre de 3. pieds sur 2. & demi de haut, repréfentant un Chat cervier.

27. Autre de 4. pieds & demi de large fur 3. & demi de haut, repréfentant un Païfage où paroît un Moulin, éclairé du Soleil, avec des Animaux devant. Ce Tableau appartient à l'Auteur.

28. Autre de même grandeur, repréfentant un Païfage, où paroît un Pont de bois; & appartient à l'Auteur.

29. Autre de 2. pieds & demi fur 2. de large, repréfentant des Fleurs, où il y a un nid d'Oifeaux; & appartient à l'Auteur.

30. Autre de 2. pieds & demi de large, de même grandeur, repréfentant une partie de Maifon de Jardinier, garnie de légumes, & deux Coqs qui fe battent. Il appartient de même à l'Auteur.

31. Autre, repréfentant un Ane chargé de légumes. Il appartient à M. ***

32. Autre, repréfentant un petit Païfage & des Pêcheurs fur le devant : appartenant à M. ***

33. Un devant de Cheminée, repréſentant une Table à ouvrage, ſur laquelle il y a de la Tapiſſerie. Ce Tableau appartient à M. le Premier, pour ſon Château d'Ivry.

34. Autre devant de Cheminée, repréſentant de la Muſique, un Violon, Flûte, &c.; appartenant au même.

35. Autre, repréſentant un Oranger dans un vaſe de Porcelaine; pour le même.

36. Autre, repréſentant une Planche de menuiſerie, contre laquelle eſt ſuſpenduë une tête bizarre d'un Cerf pris par le Roy.

Par M. *Deſportes*, Conſeiller de l'Académie.

Deux grands Tableaux qui achevent la tenture des Indes, compoſée de 8. Tableaux faits par M. Deſportes pour le ſervice du Roy, pour être executez en Tapiſſerie à la Manufacture Royale des Gobelins.

37. Le premier en largeur de 17. pieds ſur 11. & demi de haut, repréſente un Cheval maron ou ſauvage qui paroît s'inquieter de l'action d'un grand Léopard qui le regarde avec une fierté mêlée de fureur; un Elephant & un Pecon ſe trouvent derriere, avec un grand Arbre chargé de Poires d'accajou & de ſes feüilles. On y voit un Serpent monſtrueux, comme il s'en trouve fréquemment dans les Indes. Autour du tronc d'arbre, et auprès des pieds du Cheval, paroît l'animal appelé Gobemouche, dont la langue étenduë eſt chargée de mouches & de fourmis; & au bas un Aigle & un grand nombre de toutes ſortes de Fruits, d'Oiſeaux & Animaux de ces contrées.

VIII.   2

38. Le fecond, faifant le 8ᵉ. & dernier Tableau, eft en largeur de 12. pieds fur 11. de haut, repréfentant des Pêcheurs Indiens, une Negreffe qui tient un panier de fruits & un autre Indien qui tire de l'arc fur des Oifeaux. Il y a différens Oifeaux perchez fur l'arbre appellé Bananier, chargé de fes grandes feüilles & de fon fruit : quelqu'autres Oifeaux & des Poiffons des mêmes climats, & quantité de Fruits.

39 *bis*. Deux Tableaux en hauteur de 4. pieds fur 3. de large, repréfentant des bas-reliefs, l'un feint de marbre blanc, fali par le temps, l'autre de bronze, des Tapis de velours, des Vafes d'or, du Fruit & du Gibier.

40. Autre, à peu près de même grandeur, repréfentant du Gibier, & un Rofier chargé de fes Fleurs, dans un Païfage.

41. Autre d'environ 18. pouces, prefque quarré, repréfentant des Fruits & du Gibier.

42. Autre de même forme & grandeur, repréfentant à peu près le même fujet.

43. Autre Tableau en largeur de 7. pieds fur 5. de haut, repréfentant un Chien Danois, qui s'élance de deffus un Peron fur une Canne effrayée, qui a fes Petits dans un Etang rempli de Rofeaux.

44. Autre petit, repréfentant un Grouppe de Gibier, acroché à un clou, & un Chat.

45. Autre, faifant Pendant, qui repréfente auffi un Groupe de Gibier & un Chien.

Par M. *Jouvenet*, Académicien.

46. Un Tableau repréfentant le Portrait de Madame fon Epoufe, en habit violet, travaillant à un Mouchoir.

Par M. *Courtin,* Académicien.

47. Un grand Tableau, en largeur de 12. pieds fur 8. de haut, repréfentant Notre Seigneur chez Marthe & Marie, accompagné de plufieurs Apôtres & Difciples, & ce qui peut concerner le fujet.

48. Autre de 3. pieds fur 2. & demy, repréfentant Angélique & Medor, qui gravent leurs noms aux écorces des Arbres.

49. Un petit Tableau peint fur le dos de la glace, repréfentant le Portrait d'une jeune Demoifelle.

5o. Autre, peint de même façon, qui repréfente un jeune homme tenant une Cage qu'il préfente à une Dame, pour y mettre un Oifeau.

51. Autre petit peint à l'huile, de 18. pouces fur 2. pieds, repréfentant une Adoration.

Par M. *Allou,* Académicien.

52. Un Portrait de forme ovale, repréfentant M. Joffon, Auditeur des Comptes, en robe.

53. Autre de même forme, repréfentant M. de Chavigny, Auditeur des Comptes, en deshabillé.

54. Un grand Tableau, repréfentant Madame la Chevaliere de la Noix.

55. Autre, repréfentant Monfieur & Madame Felt, joüant aux Dames, & Monfieur de Beaulieu qui fait remarquer un coup de trois à ladite Dame.

56. Autre Portrait de M. Martin, en habit Polonois.

57. Autre de Madame fon Epoufe, de même grandeur.

Par M. *Nattier,* Académicien.
Deux grands Portraits.

58. Celuy de Madame la **Princeffe de Rohan**, tenant un Livre.

59. Madame la Comteffe de Brac, en Aurore.

Par M. *De La Joue*, Académicien.

60. Un Tableau en hauteur d'environ 5. pieds fur 4, repréfentant un Temple, d'Architecture de fantaifie. Deux autres plus petits.

61. Le premier repréfente les tourmens de l'Enfer des Payens.

62. Le fecond, un Palais d'Architecture, où paroît des Centaures.

Par M. *Huilliot*, Académicien.

63. Un Tableau deffus de Porte, en hauteur de 5. pieds fur 4, repréfentant un appuy de Jardin, de marbre, fur lequel eft pofé un grand Vafe de terre cuite, enrichi d'un bas relief, rempli de differentes fleurs. Sur le même appuy eft un Paon avec fa femelle, badinant autour des Fleurs. En bas font deux Marches de marbre blanc veiné fur lequel eft affis un Singe qui fe mire dans la queuë du Paon, dont il a tiré quelques plumes pour mettre à la fienne.

64. Autre, de même grandeur, repréfentant un Pied d'eftal de porphire, enrichi d'un bas relief, fur lequel eft pofé un grand Vafe d'argent rempli de diverfes Fleurs; une Guirlande tourne à l'entour d'une colonne, où l'on voit un grand Tapis de velours cramoify fur le devant dudit Tableau.

Ces deux Tableaux pour l'Appartement de M. Porlier.

65. Autre deffus de Porte ceintré, repréfentant un

fond de Païfage : fur le terrain eft un Vafe de Porphire avec fon pied d'eftal; & fur le devant eft la Fable du Coq & de la Pierre précieufe ; avec trois differentes Poules & un Lapin.

Par M. *Geuflain*, Académicien.

66. Le Portrait de M. Bernard de Montfaucon, Religieux Benediſtin, de l'Académie des Belles Lettres.

67. Le Portrait de Mad^e Sarazin ayant un Serein fur fon doigt.

68. Le Portrait de M. de Valenceau, Brigadier des Armées du Roy, en Cuiraffe.

Par M. le chevalier *d'Origny*, Académicien.

69. Un petit Tableau repréfentant une Vierge, & l'Enfant Jefus qui embraffe S. Jean.

70. Autre, repréfentant une Magdelaine.

Par M. *Chardin*, Académicien.

71. Un Tableau repréfentant le négligé, ou Toilette du matin; appartenant à M. le Comte de Teffin.

72. Autre, repréfentant le Fils de M. le Noir, s'amufant à faire un Château de cartes.

Par M. *De Grevenbrock*, Académicien.

Quatre Vûës de Paris, peintes pour le Roy.

73. La premiere eft prife au-deffous du Pont Royal, où l'on apperçoit, derriere le Quay des Théatins, le haut du Portail de S. Sulpice, tel qu'il doit être exécuté.

74. La feconde, des Champs Elifées.

75. La troifiéme, de Belleville.

76. Et la quatriéme, du côté de la Tournelle.

Par M. *Francifque*, Académicien.

77. Un Tableau repréfentant le Portrait de M. Naudin, Ingénieur, Géographe du Roy, tenant un Plan.

78. Autre, repréfentant M. de Jolival, Maître Écrivain Juré de Paris, demeurant à Verfailles.

79. Autre, repréfentant M. Ferrier, ordinaire de la Mufique du Roy.

80. Un Païfage repréfentant la fin d'un orage, enrichi de Figures & d'Animaux.

81. Autre de pareille grandeur, repréfentant un Soleil couchant, orné de Figures & d'Animaux.

82. Autre en hauteur, repréfentant une Chûte d'eau, & un Pont de Bois fur lequel paffe un Cavalier avec fa femme en croupe, & un Houffard portant un Drapeau.

83. Autre en largeur de 6. pieds fur 4, repréfentant un retour de Chaffe. Un grand Chien, des Perdrix rouges & Grifes, un Faifan, & l'équipage de Chaffe.

Par M. *Delobel*, Académicien.

84. Un Tableau allégorique, repréfentant l'Hiftoire des Négociations de la Paix concluë à Utrecht en 1713, par M. l'Abbé de Polignac, l'un des Plénipotentiaires du Roy, déclaré Cardinal le 3o janvier de la même année, & depuis, Miniftre de France à Rome.

Bellone, touchée des difcours de Mercure, Dieu de l'Eloquence, éteint fon flambeau.

Le Portrait de ſon Eminence eſt tenu d'une main par la Paix, qui, de l'autre donne une branche d'Olivier à la France, perſonnifiée en une Jeune guerriere dont le Manteau eſt ſemé de Fleurs de Lys. Elle reçoit avec plaiſir ce Rameau précieux par le conſeil de Minerve, laquelle repréſente le Roy, qui trouve les Négociations de S. E. convenables à ſa Gloire et au bien de ſes Peuples.

Au deſſus de la Paix eſt la Juſtice, qui maintient l'équilibre de ſa balance, pour affermir les nœuds d'une longue & heureuſe Paix.

Cette Déeſſe eſt appuyée ſur une Autruche qui eſt un des attributs de la Juſtice & dont Raphaël s'eſt ſervi pour caractériſer cette Divinité, dans les Peintures qu'il a faites au Vatican. Comme cet animal digere le fer, l'eſprit pénétrant agit avec la même force, & diſſipe les nuages dont le menſonge s'efforce de couvrir la vérité. Un Enfant tient l'Epée de la Juſtice.

La Poëſie regarde avec admiration le Portrait de S. E. laquelle, au milieu de ſes grandes occupations, a toujours fait ſes délices des Sciences & des Arts. Un Génie tient ſon Portrait, & l'élève.

· La Renommée, ſur des nuës publie cette heureuſe Paix, qui affermit Philippe V. ſur le Thrône des Eſpagnes.

L'Architecture, qui lie le Groupe des Figures, repréſente le Temple de Mémoire, autour duquel ſont des Médaillons, entr'autres celuy de Louis XIV.

Sur les degrez du Temple ſont les attributs des beaux Arts & des Sciences que S. E. protege avec tant d'affection, que, par ſes lumieres il conduit au chemin de la gloire ceux qui les cultivent.

On découvre dans le lointain la Ville de Paris, & fur les bords de la Seine on apperçoit la Religion qui appuyée fur un Autel foule aux pieds un monftre repréfentant la Difcorde.

Par M. *Aved*, Académicien.

85. Un grand Tableau repréfentant le Portrait de M. De Polinchove, Premier Préfident du Parlement de Flandres, & Garde des Sceaux de la Province, ayant une main appuyée fur fon Mortier, & l'autre tenant les Sceaux.

86. Autre, repréfentant Madame Croifat, qui travaille à la Tapifferie.

87. Autre de M. Bachelier, Premier Valet de Chambre du Roy & Surintendant du Gouvernement de Verfailles, appuyé fur un Bec-à-Corbin.

88. Autre de M. Philipe affis & appuyé fur un Livre.

Par M. *Boifot*, Académicien.

Cinq tableaux.

89. Zéphirs & Flore.

90. L'Aurore & Cephale.

91. L'Education de l'Amour.

92. Les Caracteres de la Poëfie.

93. Les Grâces qui inftruifent l'Amour.

Par M. *Poitreau*, Académicien.

94. Un Païfage repréfentant un Soleil couchant, où l'on voit écouler rapidement un ruiffeau qui forme plufieurs cafcades au pied d'un Rocher fort efcarpé, & trois Voyageurs qui fe repofent.

Par M. *Chatelain*, Académicien.

Deux petits tableaux.

95. Le premier repréfente un Clair de Lune.

96. Le fecond, un coup de Tonnerre.

Par M. *Nonnotte*, Académicien.

100 (1). Un Tableau repréfentant M. le Lorrain, Sculpteur ordinaire du Roy, & Recteur de fon Académie Royale de Peinture & de Sculpture.

101. Le Portrait en Mufe, de Madame Lépicié, époufe de M. Lépicié, Sécretaire & Hiftoriographe de l'Académie.

102. Le Portrait de M. d'Ulin, ancien Profeffeur de l'Académie.

103. Le Portrait de M. le Clerc, ancien Profeffeur, & Profeffeur pour la Géométrie & Perfpective de l'Académie.

104. Le Portrait en Bufte de Madame Duvigeon, époufe de M. Duvigeon le jeune, Peintre en mignature.

Par M. *Ladey*, Académicien.

105. Un Tableau repréfentant des Fruits de différentes efpeces.

106. Autre fujet de Fleurs auffi variées de plufieurs fortes.

107. Autre, repréfentant un Surtout d'argent, orné de Fleurs & de Fruits.

---

(1) Le livret paffe du n° 96 au n° 100.

OUVRAGES AU BURIN

de Messieurs les Graveurs de l'Académie.

Trois Sujets en gravûre de M. *Lépicié*, Secretaire & Hiſtoriographe de l'Académie.

La Mere laborieuſe, d'après M. Chardin.

Le Portrait de M. l'Abbé Capperonnier, Profeſſeur du Collége Royal, pour la Langue Grecque, d'après M. Aved.

Le Portrait de feu M. Bertin, Adjoint à Reçteur de l'Académie Royale de Peinture & Sculpture, d'après M. De Lyen.

Œuvres gravées par M. *Tardieu*, Académicien.

S. Jérôme repréſenté dans la Caverne où il méditoit les jugemens de Dieu, dont il croyoit entendre la trompette retentir à ſes oreilles; d'après le Tableau de M. d'Ulin, qui eſt dans la Chapelle de M. l'Abbé Bignon, aux Filles S. Thomas.

Le Portrait du R. P. Pollart, Prêtre de l'Oratoire, deſſiné & gravé par le même Auteur.

Œuvres gravées par M. *de Larmeſſin*, Académicien.

Le Portrait de Monſeigneur le Dauphin d'après M. Toqué.

Les Quatre Heures du jour, d'après M. Lancret.

Œuvres gravées par M. *Surugue*, Académicien.

L'Amour du Vin.

Et l'Amour de la Chaſſe; tous deux d'après les Tableaux de M. Jeaurat, appartenant à M. le Duc de Chevreuse.

Œuvres gravées par M. *Moyreau*, Académicien.
Pillage de Reitres;
La Famille du Maréchal,
L'Abreuvoir des Chaffeurs; tous d'après les Tableaux de Wouwermens.

OUVRAGES

de Meffieurs les Agréés de l'Académie.

Par M. *Bouchardon*.
Quatre Bas reliefs repréfentans par des Jeux d'Enfans les 4. Saifons.

108. Pour le Printemps : des Enfants fe couronnent de Fleurs : un autre jouë avec les Oifeaux confacrez à Vénus; & le quatriéme attache aux Arbres des Guirlandes de Fleurs.

109. Pour l'Eté: des Enfans font la moiffon : l'un d'eux, accablé de laffitude & n'ayant pû réfifter à la chaleur du midy, fe laiffe aller au fommeil dans lequel il paroît plongé profondément.

110. Pour l'Automne: Un Enfant échauffé par le vin, veut arrêter une Chévre, qui dans la courfe renverfe un autre Enfant, & une Corbeille remplie de Raifin.

111. Enfin, pour l'Hyver : D'autres Enfans pour fe garantir du froid, fe font raffemblez fous une Tente,

vis-à-vis d'un feu que l'un d'eux allume avec une Sarbacanne.

Ces 4 Bas-reliefs ont été faits pour la Fontaine que la Ville de Paris a fait conftruire fur les deffeins du fieur *Bouchardon*, dans la ruë de Grenelle, Fauxbourg Saint Germain. Ils auront dans l'exécution 3. pieds 7. pouces de hauteur, fur 6. pieds 9. pouces de large, & feront placez au-deffous des Niches dans lefquelles on a deffein de mettre les Statuës des Génies des Saifons.

Trois Deffeins à la fanguine.

112. Le premier, Vénus voulant retenir l'Amour qui s'échappe.

113. Le fecond, la même Déeffe, armée d'un bouquet de Rofes, puniffant l'Amour de fa fuite, faifant le Pendant du précedent deffein.

113. *bis.* Le troifiéme : la Mufe Erato recüeillant les accords que forme le Dieu de la Mufique.

Par M. *Adam, le cadet*.

Un petit Modéle en plâtre :

114. Junon ayant ordonné à Argus, fon fidéle ferviteur, qui avoit cent yeux, d'obferver les actions de Jupiter, fon époux, ce Dieu irrité de la vigilance de cet Efpion, dont partie des yeux veilloient lorfque l'autre étoit abattuë du fommeil, commanda à Mercure de l'endormir au fon de fa Flûte & de lui trancher la tête. Junon, pour conferver fa memoire & récompenfer fa fidelité, attacha fes yeux à la queuë de fon Paon, qui repréfente encore dans fon plumage la multitude de fes yeux.

115. Autre Modéle auſſi en plâtre, faiſant Pendant, qui repréſente Cléopâtre, derniere Reine d'Egypte, dans le moment qu'elle remportât le prix de la gageure qu'elle avoit faite avec le Triumvir Marc-Antoine, de conſommer dans un Repas elle ſeule 15 cent mil écus. Cette Reine portant à ſes oreilles deux Perles qui étoient les chefs-d'œuvres ineſtimables de la Nature, en tient une qu'elle montre & qu'elle va mettre dans une Coupe remplie de vinaigre, pour la diſſoudre & l'avaler. Cette Coupe lui eſt préſentée à la fin du Repas par un Enfant.

Œuvres gravées par M. *Lebas*.

Le Sanglier forcé, d'après Wouwermens, dédié à M. le Comte de Teſſin.

Priſe du Héron, d'après Vanfalens, dédié au Docteur Mide.

Deux Eſtampes d'après Berghem; l'une repréſentant le Soir, l'autre le Matin.

Deux Païſages d'après Téniéres; l'un, une Vûë de Flandre; & l'autre, l'Arc-en-Ciel.

Par M. *De La Datte*.

116. Un Groupe en terre cuite, repréſentant Diane ſortant du Bain, accompagnée de deux Nymphes, & deux Enfans qui badinent avec un Chien.

117. Un Modéle en plâtre, de la Vierge tenant l'Enfant Jeſus.

Par M. *De La Tour*.

118. Un Tableau en paſtel de 6. pieds 2. pouces d'hauteur, ſur 4. pieds 8. pouces de large, repréſentant

M. le Préfident de Rieu, en Robe rouge, affis dans un Fauteüil, tenant un Livre dont il va tourner le feüillet, avec les attributs qui compofent un Cabinet, comme Bibliotheque, Par-à-vent, Table, & un Tapis de Turquie fous les pieds.

119. Autre Tableau repréfentant le Bufte d'un Négre, qui attache le bouton de fa chemife.

___

Par M. *Aveline.*

Un Sujet gravé d'après M. Oudry, repréfentant des Animaux.

___

Par M. *Lefueur.*

120. Un Tableau repréfentant une Veftale qui tient un Vafe ardent.

121. Un petit Tableau repréfentant une Sainte Famille.

122. Le Portrait de l'Auteur, tenant fa Palette & fes Pinceaux.

___

Par M. *Couftou, le fils.*

123. Un Bas relief en plâtre, repréfentant la vifite de la Vierge à fainte Elifabeth.

124. Un Modéle en plâtre de ronde boffe, repréfentant Vulcain, avec les attributs qui luy font convenables.

___

Par M. *Pierre.*

125. Un Tableau repréfentant Pfiché, abandonnée par l'Amour, accüeillie & confoléc par les Nymphes.

126. Une Maîtreſſe d'Ecole.
127. Une petite Bambochade.

Par M. *Cochin, le fils*.

Un Deſſein à la gloire des Arts, repréſentant l'Académie Royale de Peinture & de Sculpture conduite par le génie du Deſſein, qui s'éleve au Temple de Mémoire, ſous la protection de Sa Majeſté.

Un Deſſein dont le ſujet eſt tiré de l'Hiſtoire romaine, repréſentant Virginius qui tuë ſa fille.

Autre Deſſein tiré pareillement de l'Hiſtoire Romaine, qui repréſente L. Junius Brutus, Conful Romain, qui fait mourir ſes deux fils pour avoir confpiré contre la République.

Une Eſtampe où l'on voit la décoration du Feu d'artifice, qui a été tiré à Verſailles en 1739, à l'occaſion du mariage de Madame Premiere avec Dom Philippe, deuxiéme Infant d'Eſpagne.

Dix petits Deſſeins de différens Caprices, & une Eftampe repréſentant le Triomphe de la Religion Chrétienne.

Par M. *Slodtz*.

Un Groupe allégorique.

128. Le Temps, qui découvre la Vérité, tient d'une main le Portrait de Sa Majeſté Loüis XV. La Vérité, perſonnifiée par ſes attributs, regarde avec plaiſir le Roy ſon Protecteur. Pluſieurs Genies s'occupent des attributs des Sciences & des beaux Arts; la Vérité étend leur perfection.

129. Un Modéle en plâtre, repréſentant la chûte d'Ycare dans la mer.

Par M. *Lenfant*.

130. Un grand Païfage en largeur de 6. pieds fur 5, orné de Figures & d'Animaux.

131. Autre plus petit, repréfentant une Ferme, où paroît fur le devant le Pere & la Mere de l'Auteur, & à côté, des Femmes qui lavent & récurent.

ADDITION.

Par le chevalier *Servandoni*.

132. Un Tableau repréfentant un fujet d'Architecture & de ruine.

Par M. *Dupuis*, Graveur, Académicien.

Le Philofophe marié, } d'après
Le Glorieux, } M. Lancret.

Par M. *Drouais*, Académicien.

Un Cadre renfermant fous une glace les Portraits cy-après :

De Madame de France.

De M. le Vicomte de Courtemer.

De M^e la Vicomteffe, fon époufe.

Madame Hery.

Madame Courgy.

Celui de l'Auteur & plufieurs autres.

Le tout rédigé & mis en ordre par les foins
de J. B. REYDELLET, Receveur
& Concierge de l'Académie.

Nogent-le-Rotrou, imprimerie de A. Gouverneur.

CONDITIONS DE LA SOUSCRIPTION

A LA

RÉIMPRESSION DES ANCIENS CRÉPY

Chaque volume sera livré aux souscripteurs moyennant le prix :

De 1 fr. 25 sur papier vergé ;
De 2 fr. 50 sur papier de Hollande ;
De 3 fr. sur papier de chine.

Les souscripteurs de Paris recevront les volumes à domicile. Ceux de province ou de l'étranger pourront se les faire envoyer en payant en surplus les frais de poste, s'ils ne préfèrent les faire réclamer aux bureaux de souscription.

On souscrit :

Chez : MM. LIEPMANNSSOHN ET DUFOUR, libraires, rue des Saints-Pères ;

M. DUMOULIN, libraire, 13, quai des Augustins ;

A la *Librairie des Auteurs et de l'Académie des Bibliophiles*, 10, rue de la Bourse ;

Aux bureaux de la *Gazette des Beaux-Arts*, rue Vivienne.

Nogent-le-Rotrou, imprimerie de A. Gouverneur.